グループ

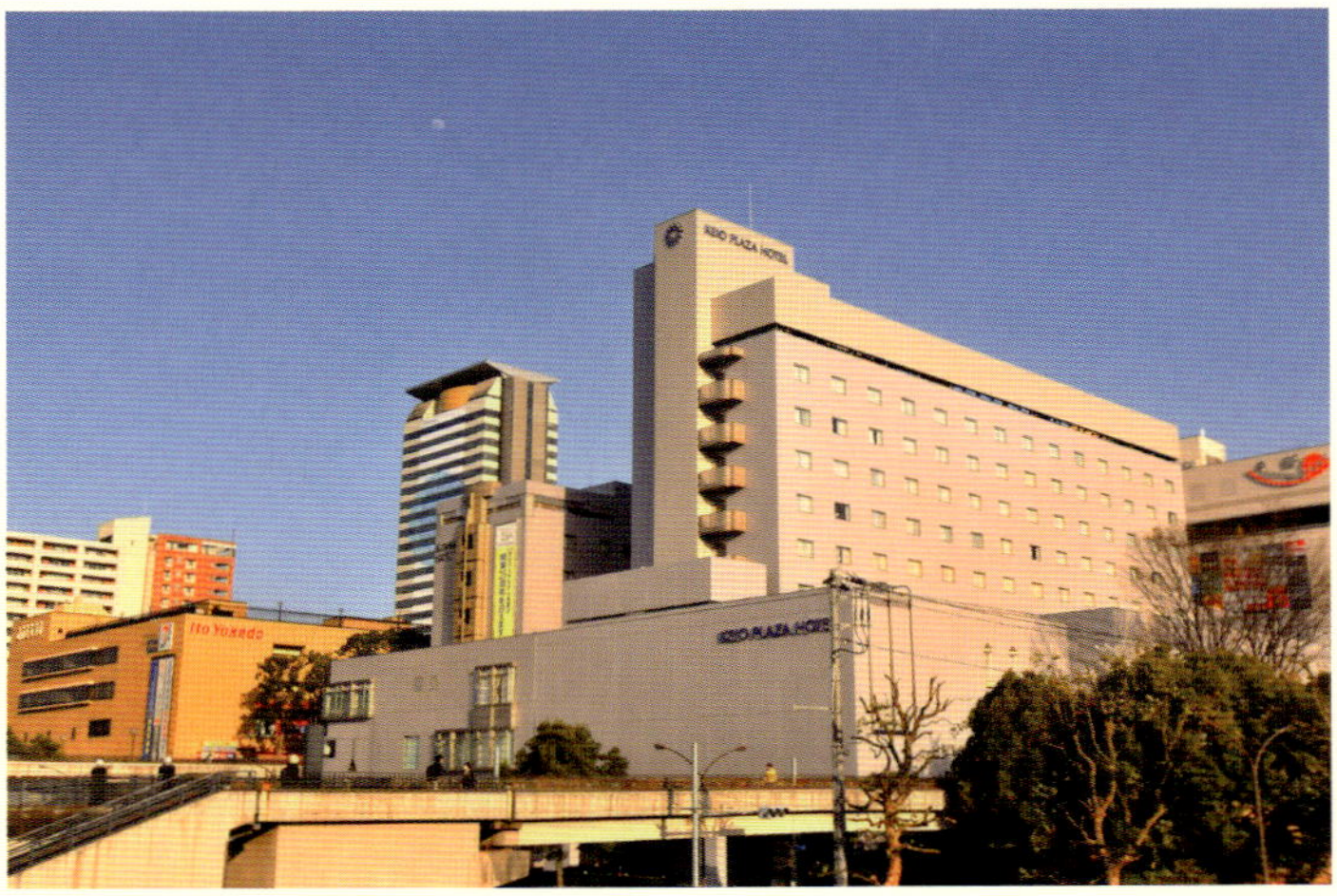

多摩センター駅前で威容を誇る京王プラザホテル多摩。

私鉄関連事業の“三種の神器”といわれる、百貨店、不動産、ホテルの各事業を効率よく展開する京王電鉄のグループ事業。わが国初の超高層ホテルとして開業した京王プラザホテル、新宿駅前に巨大な店舗を有する京王百貨店、沿線各地に造成した高級住宅地、稠密な路線網を誇るバス事業や京王ストアを中心とする流通事業など、多彩な関連事業を展開。

京王電鉄

車両

動物のラッピングを纏った動物園線の7000系電車。

京王線と井の頭線の2つのグループに大別される京王電鉄の車両は、そのすべての形式がステンレス車体の大型車両で、最新のVVVF制御を搭載するハイテク電車だ。コーポレートカラーを纏う京王線の各形式とレインボーカラーの井の頭線。その都会的で洗練されたスタイルは、首都圏の大手私鉄のなかでも抜きん出た存在といえるだろう。

Contents

京王電鉄の路線

▲三鷹台〜久我山間を行く井の頭線。

京王線複々線区間

▲京王線と京王新線がトンネルから顔を出す笹塚駅は新宿～複々線区間の終端となる。

井の頭線

▶JR在来線などと同じ1067mm軌間を京王電鉄で唯一採用する井の頭線。

軌道線ゲージを採用した京王線

超高層ビルが林立する新都心・新宿に都心側のターミナルを置き、東京西部の中心都市であり古くから織物の街、そして甲州街道の宿場として繁栄した八王子を結ぶ京王線。

京王八王子駅のひとつ手前の北野駅で分岐し、世界遺産として登録され多くの観光客で賑わう高尾山を結ぶ高尾線。そして調布駅から分岐し多摩ニュータウンを横断、神奈川県の新しい政令指定都市である相模原市の中心、橋本へ至る相模原線を骨格として高幡不動～多摩動物公園間の動物園線、東府中～府中競馬場正門前間の競馬場線を合わせて一般に「京王線」と総称されている。

京王電鉄の路線として、もうひとつのメインルートであり、ファッショナブルタウン渋谷と、住みたい街ランキング、ナンバー1の吉祥寺を結ぶ井の頭線があり、京王電鉄の総営業キロ数は84・7キロ、駅数は69駅を数える。

このうち、複々線区間3・6キロ、複線区間77・4キロ、単線区間3・7キロであり、複々線区間は京王線の新宿・新線新宿～笹塚間3・6キロ、単

京王電鉄路線図

京王線
井の頭線
競馬場線
動物園線
相模原線
高尾線
新宿
初台
幡ヶ谷
笹塚
代田橋
明大前
下高井戸
桜上水
上北沢
八幡山
芦花公園
千歳烏山
仙川
つつじヶ丘
柴崎
国領
布田
調布
西調布
飛田給
武蔵野台
多磨霊園
東府中
府中
分倍河原
中河原
聖蹟桜ヶ丘
百草園
高幡不動
南平
平山城址公園
長沼
北野
京王八王子
京王片倉
山田
めじろ台
狭間
高尾
高尾山口
府中競馬正門前
多摩動物公園
(京王れーるランド)
京王多摩川
京王稲田堤
京王よみうりランド
稲城
若葉台
京王永山
京王多摩センター
京王堀之内
南大沢
多摩境
橋本
渋谷
神泉
駒場東大前
池ノ上
下北沢
新代田
東松原
永福町
西永福
浜田山
高井戸
富士見ヶ丘
久我山
三鷹台
井の頭公園
吉祥寺
東京都
埼玉県
神奈川県
0
10km
駅
複々線
複線
単線
トンネル
軌間1372mm
軌間1067mm
JR線
私鉄路線
その他軌道
新幹線
高速・有料道路
国道

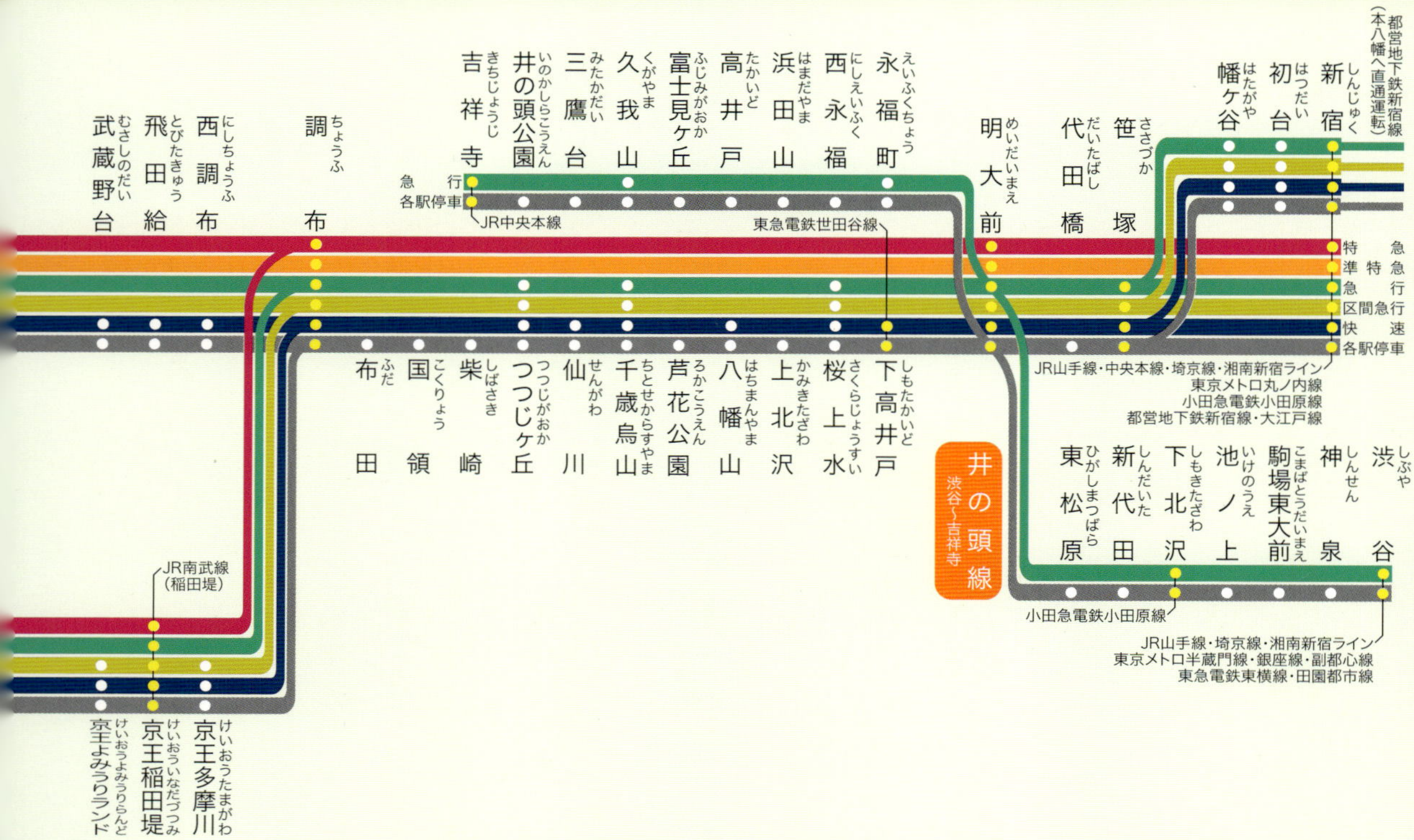

▲ミシュランの三つ星観光地にも選定され国際的な観光地として人気を博す高尾山への玄関となる高尾山口駅。

▶新宿駅西口地下に3面3線のホームを有する京王線新宿駅。このほかに都営地下鉄新宿線に直通する新線新宿駅の1面2線のホームがある。

線区間は動物園線2・0キロと、高尾線の高尾～高尾山口間1・7キロである。

軌間は井の頭線が1067ミリであるが、ほかは1372ミリであり、これも京王線の特徴といえよう。1372ミリという軌間は俗に「東京ゲージ（軌間のこと）」といわれているが、都電荒川線をはじめ、東急世田谷線（かつての玉電）といった路面電車に使用され、その昔、路面電車（軌道線）で創業した京王の歴史を今に伝えている。

全国的に見ても希少な例であり、路面電車的な性格を有する路線以外では京王線と、それに相互乗り入れをする都営地下鉄新宿線のみに見られる軌間となっている。

電車を動かす電力については京王線、井の頭線ともに直流1500ボルトであり、他の大手私鉄と同じである。

保安装置・旅客サービスに先鞭

列車走行に関して重要な役割を担う保安装置について京王電鉄では、従来のATS自動列車停止装置から、さらなる保安度向上をめざしてATC自動列車制御装置を採用した。

2010年3月に相模原線で使用を

列車種別と停車駅

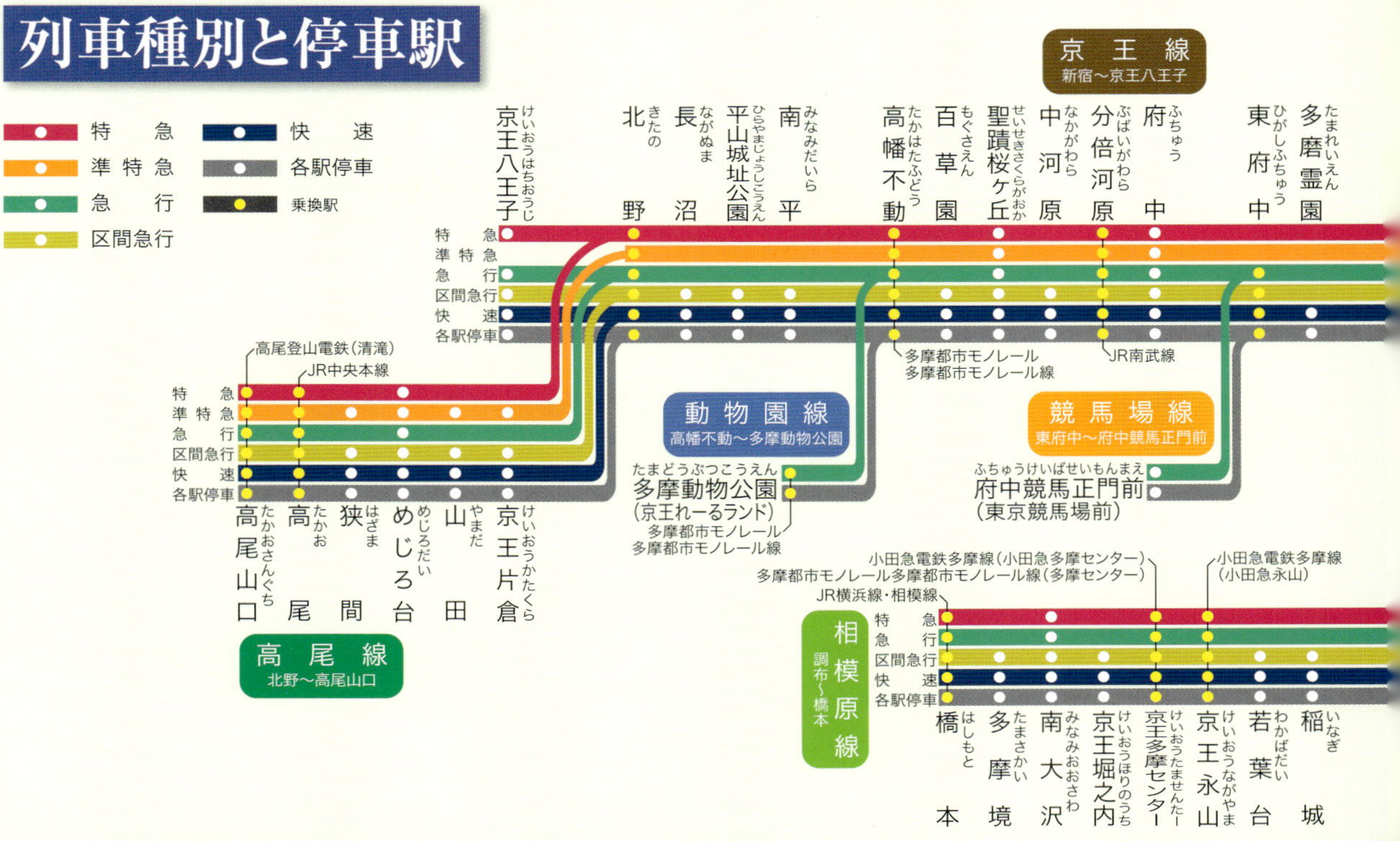

▲冷暖房を完備したホームの待合室。

▶2001年3月のダイヤ改正から全国に先駆けて本格導入された女性専用車。

▼京王線の地下線への切り替えに合わせて国領、布田、調布の各駅から設置が始まったホームドア。

はじめ、2011年10月に京王線を、2013年3月に井の頭線をATC化したことで全線のATC化を完了している。

このATCは10キロきざみで列車の速度を制御できる装置であり、先行列車との間隔や勾配、分岐、曲線、停車駅（誤通過防止など）に対応できる高度な保安装置である。

京王線カラー

▲コーポレートカラーの帯を巻いた京王線の車両。

井の頭線カラー

▶編成ごとに色が違うレインボーカラーの井の頭線1000系。

京王電鉄は昔から列車の安全運行に非常に熱心な私鉄として知られ、今では当たりまえになった列車無線装置を早くから導入している。各列車と指令所を結ぶ装置であり、1953年に採用し、他社より四半世紀も前である。その無線装置も旧来使用していた誘導無線（IR）方式を空間波（SR）方式へ更新し、さらなる保安度向上を達成した。

そのほか数々の保安装置を完備して列車の安全運行に取り組んでおり、主要駅にホームドアを設置したのもそのひとつといえよう。

また、ホームに冷暖房完備の待合室を設けたのも関東私鉄では京王電鉄が最初であり、今では常識になった通勤電車の冷房化も京王電鉄からはじまったサービスである。

女性専用車両の導入も早く、ハード面である列車安全運行対策の確立と並行して、ソフト面における旅客サービスにも熱心な私鉄である。

個性的な車両のカラーリング

車両もスマートでアカ抜けしたもので占められ、おそらく関東私鉄トップのセンスといっても過言ではない。

ステンレスの車体に京王グループのコーポレートカラーである、インディゴとチェリーピンクの帯を巻き、前面を明るいアイボリーで装ったオシャレな車両が京王線のチャームポイントなら、一方の井の頭線は編成ごとに色彩を変えたレインボーカラーが人目を引く。

このレインボーカラーは1964年に開業した新宿の京王百貨店が、そのイメージカラーとして採用したものだが、ひと足先に井の頭線を走る当時の3000系車両に導入したものである。京王グループのイメージを飛躍的に高めたといえよう。今も井の頭線を走る1000系車両が、その伝統を受け継ぐ。山の手の上品な街並みに溶け込んだ車両たちである。

京王沿線の魅力は、京王線も井の頭線も落ち着いた山の手の住宅地を走り抜ける点にあるように思う。

いわゆる「山の手御三家」といわれるのは、京王、小田急、東急だが、京王は井の頭線というプレステージ路線を持つことで、そのイメージが高い。また、京王線には多摩ニュータウンの明るい空、そしてのびやかな街並みが広がり、同時に歴史の香り豊かな古刹が多いのが魅力といえよう。

京王電鉄の沿線カラー

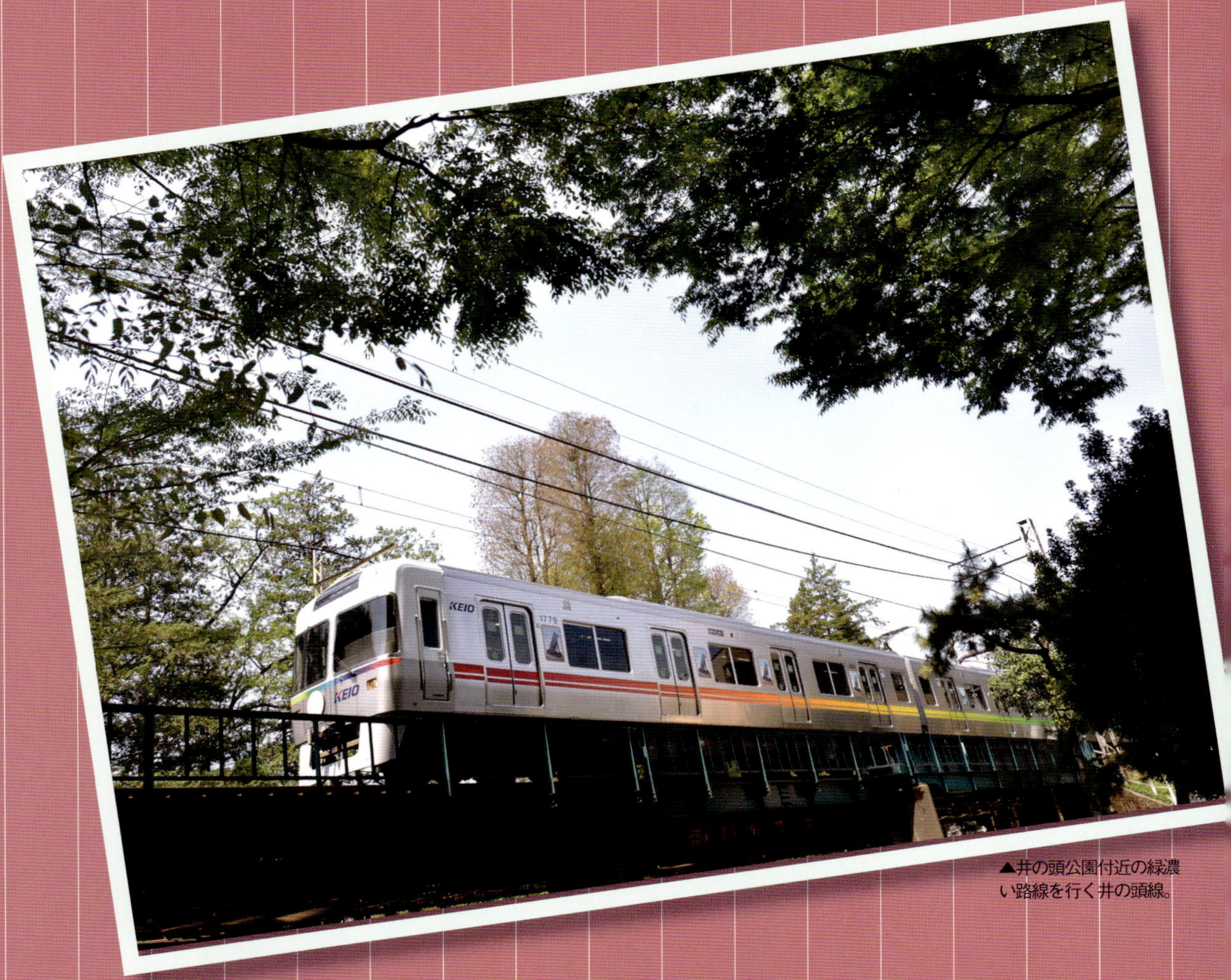

▲井の頭公園付近の緑濃い路線を行く井の頭線。

▲吉祥寺〜渋谷間を結ぶ井の頭線は東京の私鉄沿線の人気ランキングで常に上位をキープしている。

▲渋谷と横浜を結ぶ東急東横線沿線も閑静な住宅地が広がる人気エリアだ。

▲一大観光地、箱根を抱える小田急線は通勤・通学路線としての役割のほか、観光レジャー路線としても絶大な人気を誇る。

井の頭線・京王線は人気のエリア

首都圏を走る私鉄の中で先に記した「山の手御三家」、つまり京王、小田急、東急の沿線人気は昔から高く、他を圧倒しているといっても過言ではない。

各社各線別に見ると沿線人気ベスト3は、京王電鉄井の頭線、東急電鉄東横線、東急電鉄田園都市線とみて間違いはないはずだ。

このことは、その沿線地価が雄弁に物語る。これらベスト3に負けず劣らず健闘しているのが、京王電鉄京王線、小田急電鉄小田原線といえよう。

この両線の特徴は終点に観光地が見られることで、京王線の高尾山、小田急線の箱根がそれである。この点では東急のみが観光地と無縁に思えるが、横浜が都市型観光スポットとして広く人気を集めているので、それをどう見るかで意見が分かれよう。

小田急の箱根は都心からだいぶ距離があるが、京王の高尾山は手軽に行ける距離にあり、ここもある意味において都市型観光スポットといえなくもない。

大都会・東京のオアシスでもある。

京王沿線 最大の観光スポット

高尾山

　京王線沿線の代表的な観光地のひとつが高尾山だ。中腹には744年に開山したと伝わる高尾山薬王院があり、真言宗智山派の関東三大本山のひとつとして古くから信仰を集めている。1967年には明治の森高尾国定公園に指定され、2007年からはミシュランガイドで最高ランクの“三つ星”の観光地として選出。手軽に訪れることができる東京の山として注目を集めている。

山頂からの眺望

▲山頂からは八王子の町並みのほか、視程がよければ都心の高層ビルなども見渡せる。

◀中腹付近までは高尾登山電鉄が運営するケーブルカーとエコーリフトが敷設されていて手軽に登山が楽しめる。

▶登山道には京王電鉄が寄進した灯籠も並ぶ。

薬王院

▲薬師如来と飯縄権現を祀る薬王院の大本堂。

ケーブルカー・リフト

古くから栄えていた京王沿線

　京王沿線は、そのイメージから比較的新しい街並みで形成されているように見えるが、実は小田急や東急が走る地域に比べ、はるかに歴史がある。

　確かに明治、大正、昭和という近現代史で見た場合の地域別開発速度では、首都東京の郊外における宅地化ないし商業地化は、これを私鉄沿線で見ると、ほぼ時計回りに京急→東急→小田急→京王の順で開発が進められてきたといってもよいだろう。つまり沿岸部から内陸部へと都市化の波が拡大されたといえよう。その理由はいくつか考えられる。

　まず沿岸部に近代的な工業地化が見られた点も、そのひとつである。さらに京急沿線など既成市街地となっていたことも人口の受け皿として、インフラ面の充実という観点に立てば有利であったに違いない。

　沿線開発を事業の中心に据えた東急は、やや別格的存在であり、東急沿線における田園調布の街づくり、そして多摩田園都市の開発など元来が不動産資本を母体として設立された私鉄らしい動きを見せた。

大国魂神社

▲緑に囲まれた大国魂神社の境内。

◀六所宮ともよばれる大国魂神社。かつては府中が東国の中心地であった。

▲京王線府中駅から続く大国魂神社への並木道。神社へは駅から歩いて5分ほど。

◀大国魂神社本殿。

この点が江戸の昔から東海道なる街道が通る地域に鉄路を敷設した現在の京急、農村地帯を貫き一気に小田原をめざした小田急、そして甲州街道沿いに鉄路を設けた京王と、その性格を異にしている点である。

　東急沿線に見られる沿線開発の多くは、かなり計画的に進められた地域で占められ、それもあって現在に至るも依然として住宅地としての人気が高いエリアである。

　ところで旧街道（江戸五街道）沿いに開業した私鉄は京王（甲州街道）と京急（東海道）である。

　こうした経緯から京王沿線も京急沿線に近い歴史ある街が連なる。いや、むしろその歴史は京急沿線より古い。

　東海道が栄えたのは江戸に幕府が置かれたためであり、そうすると江戸時代に入ってからということになる。無論のこと甲州街道についても、それは同じだが江戸開幕以前における武蔵国の中心は府中であり、今も武蔵国有数の歴史を誇る大国魂神社があることでも、それがわかる。武蔵国国分寺が置かれていた場所も府中から近い。

　こうしたことを考えてみると京王沿線の歴史は関東最古といえるのではないだろうか。

▲深大寺山門。

深大寺

▶深大寺の元三大師堂。元三大師とは慈恵大師の別名で京都比叡山中興の祖といわれる。正月3日に入滅したので元三大師の名がついたといわれている。

▶深大寺本堂。深大寺は都内屈指の歴史を有する。

歴史を物語る古刹の数々

スマートでスタイリッシュな京王のイメージだが、その沿線は長い歴史が秘められている。

確かにそう考え直してみると京王沿線には調布に深大寺があり、この寺は都内に現存する寺として、浅草の浅草寺に次ぐ歴史がある。だるま市、深大寺そばなどで知られる古寺だが、湧水池が周辺に多くあることが武蔵野らしい風景を今に伝えている。「はけ」と呼ばれる湧水であり、国分寺崖線沿いに多く見ることができる。

余談だが東急大井町線沿いにある等々力渓谷も武蔵野の「はけ」と関係が深い。ここも国分寺崖線上に位置している。

寺院つながりで話を進めると京王沿線には古刹・高幡不動があり、関東の三不動のひとつである。大山（小田急沿線）、成田（京成沿線）と合わせて三不動といわれる。

高尾山薬王院（有喜寺）もまた京王沿線を代表する古刹であり、こちらも成田山新勝寺（京成沿線）、川崎大師平間寺（京急沿線）と並ぶ真言宗の関東三大霊場として知られ、その開山は

高幡不動

▲壮麗な五重塔が出迎える。

千歳烏山駅付近の寺町

▲のんびりと散策したい街並みが続く。千歳烏山バス停から久我山病院行きの関東バスを利用すると便利。

▲境内に建つ堂宇。裏山には四国八十八箇所めぐりのミニチュアコースがある。

744（天平16）年と古い。

樹齢1000年を超す老杉が多く仁王門、権現堂、不動堂、本堂が立ち並ぶ光景は壮観である。

こうした古刹が京王沿線には多くあり、観光スポットに事欠かない点もまた魅力といえよう。

ところで京王線・千歳烏山駅の北側に多くの寺が集まり、寺内町を形成しているのをご存知だろうか。

世田谷区内の閑静な住宅街の一角だが、聞くところによると関東大震災で被災した都心の寺院を京王電鉄の前身である京王電気軌道が烏山に誘致し、寺町が生まれたそうである。この周辺を散策すると手軽に「古都」の風情を味わえて楽しい。

沿線の隠れた名所である。

また、この千歳烏山駅から「蘆花恒春園」も近い。歩いて20分ほどの距離にあり、明治の文豪のひとり徳富蘆花の居宅を中心にした記念公園となっている。ありし日の武蔵野の情景を感じることができるスポットだ。

京王線にはその名もズバリ、芦花公園駅があり、前記した千歳烏山駅のひとつ新宿寄りの駅である。しかし、芦花公園駅には各駅停車しか停車しないので、急行が停車する千歳烏山駅から

▲晴耕雨読の蘆花の暮らしを偲ばせる蘆花公園。園内には旧宅と書院などが保存されている。

蘆花恒春園

▲徳富蘆花の旧宅。

▶遠い日の武蔵野を思わせる園内の竹林。

京王百草園

▲百草園といえばやはり梅。甘酸っぱい早春の香りに酔う。

行くほうが便利かもしれない。蘆花恒春園までの距離は両駅ともほぼ同じである。

ところで、この恒春園という名称の由来がちょっとおもしろい。

それは徳富蘆花が台湾の恒春に土地を持っているという噂が流れ、この話を耳にした蘆花が「縁起の良い話」だと思って名付けたそうである。実際は全くの噂話に過ぎなかったようだ。

身近に点在する多彩な施設

こうした名所が沿線に多い京王線だが、多摩川を越えて西へ進み、前記した高幡不動の最寄り駅である高幡不動駅のひとつ新宿寄りに百草園駅がある。「京王百草園」への最寄り駅であり、同園は観梅の名所として知られ約50種500本もの梅を観賞できる。江戸時代からの名園だが京王が所有しており、園内には松尾芭蕉や若山牧水の句碑や歌碑が見られる。

初春の一日、ぜひ訪れて多摩丘陵の自然を味わいたい。

こうした名所、古刹のほか京王多摩川駅に隣接する「京王フローラルガーデンアンジェ」が2002年に開園し、約1万6000平方メートルの広大な

四季の京王線
Spring
春
1753
KEIO

井の頭線 駒場東大前～池ノ上

▲大宮八幡宮に隣接する和田堀公園は善福寺川水系にあり、近くに大宮遺跡がある。

◀大宮八幡宮の本殿。

◀表参道。京王井の頭線沿線の名所として知られ、西永福駅に近い。永福町からバスもあるので気軽に行ける。

庭園には見事なマグノリアガーデンがあり、園内にはバーベキューを楽しめる施設「BBQ VILLAGE」が２０１１年に開設された。

京王沿線にはファミリーで楽しめる施設も多く、多摩動物公園駅前には「京王れーるランド」があり、京王電鉄で現役を引退した車両を大切に保存している。その規模と内容の充実度は私鉄最大のものといってもよい。

こうした博物館的施設を有する私鉄はほかにもあるが、「京王れーるランド」のように歴代の名車を一堂に展示する例は少ない。

京王線に比べると同じ京王の路線ながら井の頭線沿いに名所や古刹は多くないが、なんといっても同線には神田川の水源池とされる「井の頭恩賜公園」がある。

善福寺池、三宝池とともに武蔵野三名池のひとつが園内にある井の頭池であり、公園の総面積は28万６０００平方メートルに達する。

このほか永福町駅から10分ほど歩くと「大宮公園」があり、ここは大宮八幡宮の境内を公園にしており、約３万平方メートルと広い。また、同公園に隣接して「和田堀公園」がある。

各社各線ごとになにかしらの見どこ

歴代の名車が一堂に

京王れーるランド

京王れーるランドは、多摩動物公園駅に隣接して2000年に開設。当初は大規模な鉄道模型ジオラマが人気を集めたが、2013年10月、京王の電車・バス開業100周年を記念して新装オープンした。屋外車両展示場では、京王電鉄の歴史を築いてきた名車として、2400形、2010形、5000系、3000系、6000系を保存展示。館内には路線バスの実物車両や電車運転シミュレータによる運転体験、電車のしくみを学べるコーナーなどがあり、博物館としても充実した施設となっている。

▲歴代の名車が並ぶ屋外車両展示場。

営 9:30～17:30（水曜定休）
料 250円（3歳以上）
交 多摩動物公園駅下車すぐ

▶子どもたちに人気の運転体験シミュレーター。

▲緑色時代の古い車両も間近に見ることができる。デハ2400形は1941年製の骨董品だ。

▲展示車両の周りを周回するミニ電車も運転。

▲ドアの開閉や車内放送が体験できる6000系の車掌体験コーナー。

▲京王沿線の街並みを再現したHOゲージのジオラマ展示。運転体験もできる。

▲ヘッドマークや列車種別表示幕、制服など資料展示も充実。

▲隣の駅が見えるほどに駅間距離が短い井の頭線。写真は浜田山駅から見た西永福駅。

▶京王線と都心部を直通で結ぶ都営地下鉄新宿線。

ろはあるものだが、京王沿線は名所、古刹の宝庫であり、それらが比較的コンパクトに点在しているので、普段着感覚でふらっと気の向くまま出かけることができる。

自然の豊かさと都会の便利さが共存しているのが京王沿線である。

利便性良好で移動は快適

駅と駅との間隔が短い点が井の頭線全線と、京王線の新宿～調布間に見られる特徴であり、1キロ未満の区間が多い。つまり駅の数が多いということは、それだけ駅に近い住宅地が多いということであり、住民にとってはこれほどありがたいことはない。

各駅停車が小まめに乗客を拾い、特急や急行が主要駅間を高速で結ぶ運行ダイヤである。また、新宿駅で乗り換えることなく都心方向へ直通で行けるのも大きな魅力だが、京王線と相互乗り入れしている都営地下鉄新宿線は、地下鉄としては線内を急行列車が走る数少ない路線のひとつである。このため都心中央部へのアクセスタイムが短い。

都営新宿線はきわめて便利な地下鉄路線であり、都心部をほぼ東西に横断

地下化した調布駅

▲2012年8月19日にから地下線の使用を開始した調布駅。

▲地下1階に位置する調布駅の改札口。

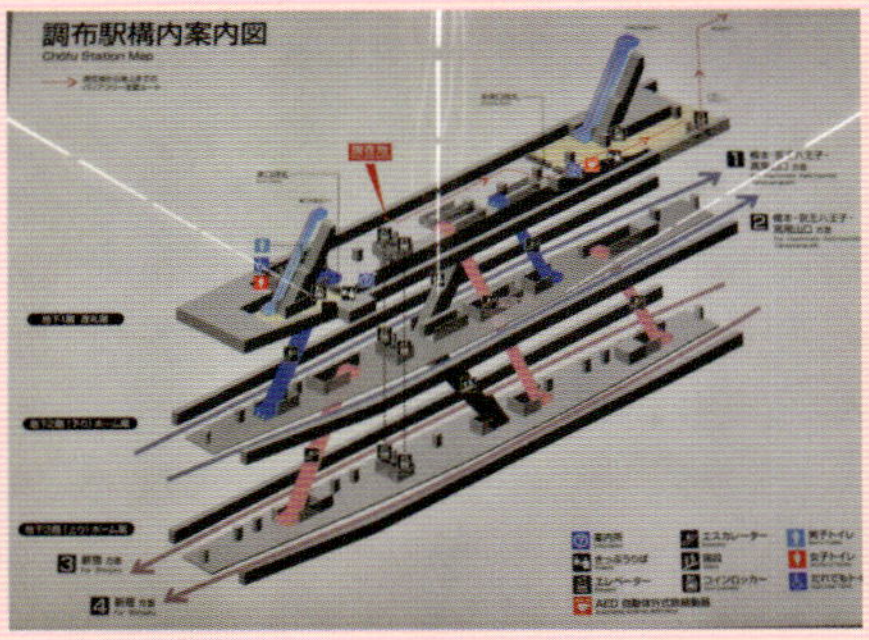

▲3層構造の調布地下駅。地下3階が新宿方面、地下2階が京王八王子・橋本方面ホーム。

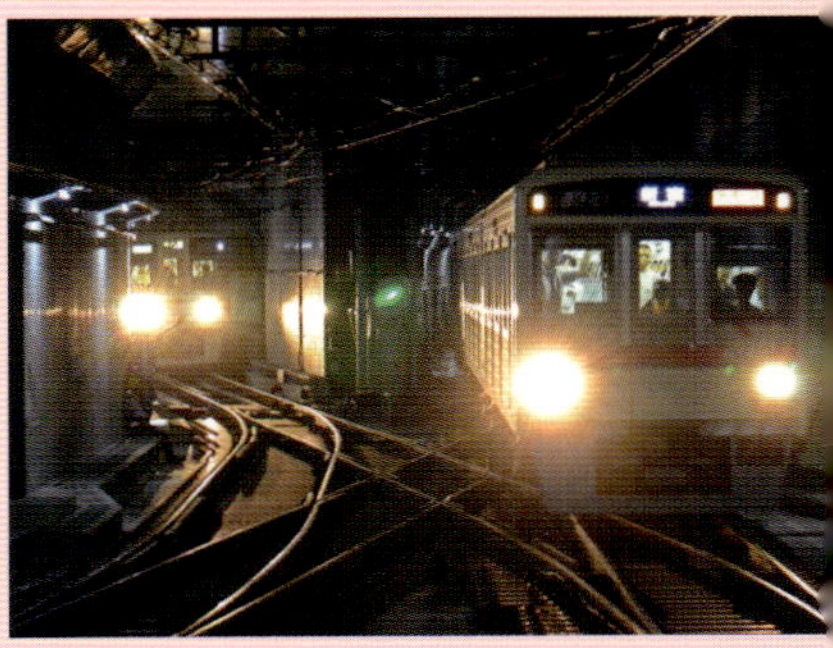

▲運用のネックになっていた京王線と相模原線の平面クロスは解消された。

している。迂回ルートが多い地下鉄路線が常だが、同線はほとんど迂回していないのが特徴である。京王線内から都心への通勤通学に使い勝手がよいルートとなっている。

調布周辺の地下化も完成し、京王線と相模原線の平面交差を解消すると同時に踏切も減った。目下のところ笹塚〜仙川間の約7・2キロを高架化することをめざしている。

この工事が完成すると25カ所の踏切がなくなる。

このように京王電鉄では東京都ならびに沿線自治体と連携して、列車安全運行のさらなる向上と、沿線の整備事業を行なっている。

これからの私鉄は乗客に選択乗車してもらうことが重要であり、運輸事業からサービス事業への脱皮が不可欠である。

京王電鉄は冷房車をいち早く導入したことでもわかるとおり、乗客サービスのよさは昔から定評がある。他社にさきがけて、さまざまな乗客サービスを実施してきた。

おそらく関東私鉄各社の中で、そのサービスマインドの高さはトップクラスだろう。

つまり京王沿線は暮らしやすい沿線

▲京王電鉄本社。聖蹟桜ヶ丘駅に隣接して建つ京王グループの総本山。多摩川の清流をバックにする白亜のビルは堂々としたたたずまい。

◀聖蹟桜ヶ丘の丘の上に広がる高級住宅街。京王沿線屈指のハイグレードな街並みが続く。眺望のよさも抜群。

京王聖蹟桜ヶ丘ショッピングセンター

◀右がA館、左がB館、その間に京王線のホームがある。B館の奥にあるC館はテナントビルになっている。

であり、その利便性もさることながら自然との調和が豊かな路線である。

宅地開発が進んだ多摩地区

恵まれた沿線環境を活かして、京王では古くからグループをあげて住宅地開発を手がけている。

1962年に京王桜ヶ丘住宅地の分譲をはじめ、京王線聖蹟桜ヶ丘駅に近い丘の上には、美しく整備された住宅が立ち並んでいる。

1986年には京王聖蹟桜ヶ丘SC（ショッピングセンター）が開業。京王百貨店が新宿に次いでオープンした。1988年に京王本社が新宿から聖蹟桜ヶ丘へ移転し、同地は〝京王城下町〟として発展を続けている。

聖蹟桜ヶ丘は京王線の中心地といってもよく、相模原線の京王多摩センターとともに、地域のコアタウンとなった。

多摩川の清流と多摩丘陵の豊かな緑に囲まれたとても美しい街として人気がある。郊外住宅地のモデルケースといってもよい。

聖蹟桜ヶ丘駅南方に連なる小高い丘を越えると、多摩ニュータウンの街並みが広がる。

▶京王線めじろ台駅に隣接して建つ京王めじろ台マンション。

▲京王めじろ台住宅地。高尾山を遠望する落ち着いた住宅街が広範囲に広がっている。

▶バスターミナルがある高尾線めじろ台駅前。八王子駅方面はじめ多数の路線が発着する。右手に見える青い看板は啓文堂書店。

特急停車駅という点も好まれる理由のひとつに数えられる。バスターミナルから多方面へバスが発着しており、きわめて便利である。

この聖蹟桜ヶ丘に次いで京王が開発した、高尾線の「京王めじろ台住宅地」も人気が高い住宅地のひとつである。ここは高尾線が開業した1967年に予約販売を開始した。

めじろ台駅に隣接して「京王めじろ台マンション」が建っている。めじろ台駅も特急が停車。高尾の山並みを望む住宅街で清涼な空気に満ちた点が、この街の魅力だ。

京王線、高尾線に広がる住宅街の多くは京王が開発したところだが、相模原線沿線は東京都やUR（都市再生機構）が主導した「多摩ニュータウン」が大半を占めている。いわゆる大規模開発で誕生した街だ。高度経済成長期を象徴している。

この多摩ニュータウンの交通動脈を担うのも京王電鉄であり、小田急多摩線も同ニュータウンに乗り入れているが、主役は京王電鉄である。都営地下鉄新宿線との相互乗り入れ列車が走る。この相模原線は多摩ニュータウンの生命線であると同時に、神奈川県央域と東京都心とを結ぶ路線でもある。

四季の京王線
Summer
夏

井の頭線 西永福〜浜田山

▲柔らかな早春の陽射しの中、多摩川を渡る京王線（聖蹟桜ヶ丘〜中河原）。

▲将来はリニア中央新幹線の駅設置が予定されている相模原線橋本駅。

▲都営地下鉄新宿線への直通列車が乗り入れる相模原線。

終点の橋本駅は、リニア中央新幹線の駅ができる予定なので、さらなる飛躍が期待されている。

独自の成長を遂げた井の頭線

今なお発展要素を残す京王線に比較して、井の頭線は成熟路線といえよう。すでに完成された高級住宅地を走る路線であり、東急池上線と似ている。列車ダイヤも線内で完結しており、他線との相互乗り入れはない。

急行が走るので渋谷〜吉祥寺間を短時間で結んでおり、その点が東急池上線とは異なる点である。

井の頭線は帝都電鉄がそのルーツであり、戦後に京王へ編入された線区で京王線とその生い立ちが相違している。その証左として軌間が京王線（1372ミリ）と異なっている（井の頭線の軌間は1067ミリ）。

井の頭線は戦災の影響を大きく受けた路線として知られているが、聞くところによると、永福町にあった車庫の建物が飛行機の格納庫のような形状をしていたため攻撃された、という俗説がある。真偽のほどはわからないが車両の多くが焼けたという事実は確かだ。

そんな昔が嘘のように現在の井の頭

▲京王永山駅付近。多摩ニュータウンの明るい空をバックに高層マンションが立ち並ぶ。

▲パルテノン多摩中央公園から高層マンション群を望む。多摩丘陵の自然と調和した美しい街並み。

▲多摩ニュータウンの中心、京王・小田急両線の多摩センター駅へ通じるメインストリート。

▲歩行者専用のパルテノン大通りが延びる多摩センター駅前。

▲終日人通りの絶えない京王多摩センター駅のコンコース。

▲頭端式ホームが並ぶ井の頭線吉祥寺駅。

▲明るく広々とした空間が特徴の渋谷駅。降車専用ホームもある。

渋谷マークシティ

▶ホテル棟（イースト）とオフィス棟（ウエスト）からなる渋谷マークシティ。

線は、洗練された美しい車両たちが走っている。

京王電鉄では井の頭線渋谷駅の改良工事を実施した際、東急および東京メトロとの共同事業として「渋谷マークシティ」を建設した。

また、吉祥寺では吉祥寺駅ビルを建て替え、2014年に「キラリナ京王吉祥寺」を開業。〝いろんな私に出会える、私のお気に入り〟をコンセプトにして、コスメ、ファッション、雑貨などを豊富に取り揃えた商業施設をオープンし、吉祥寺にふさわしい店舗展開をしている。

井の頭線は両端のターミナルが渋谷と吉祥寺というハイセンスな街であり、こうした例は東急東横線と共通している。きわめてアドバンテージが高い路線である。

目下のところ下北沢周辺の再開発工事が進行中で、従来の盛土区間を高架へと改良する。

井の頭線のさらなる発展は、いくつか考えられるが、他線との相互乗り入れとなるとハードルが高い。渋谷が有する地形上のネックも大きいからだ。

美しくまとまった箱庭的な路線、それが井の頭線のよさだといえるだろう。

▲キラリナ京王吉祥寺は井の頭線吉祥寺駅に直結したショッピングビル。ファッション、コスメ、雑貨など豊富な品が揃う。2014年4月に開業した。

▲再開発にともなって高架化工事が進む井の頭線下北沢駅付近。

▲オシャレなロゴマークが出迎えるエントランス。

異なるカラーの混在が魅力

京王電鉄には「ふたつの世界」があり、それが京王線と井の頭線である。

その違いは両線の生い立ちにあると前記したが、まさしくそのとおりだといえよう。こうした私鉄はほかに見当たらない。

東武鉄道も東武伊勢崎線（通称、東武スカイツリーライン）と東武東上線とに分かれているが、その沿線イメージに差は見当たらず、車両も共通している。西武池袋線と西武新宿線についても明確な相違は、少なくとも車両に関しては見当たらないのが現状である。

これらに対して京王線と井の頭線は相違が目立っている。車両や施設に顕著な違いが認められるが、やはり井の頭線が有する雰囲気は、もとの持ち主である小田急のそれとは異なり京王カラーが強い。長い歴史が井の頭線をそうしたのだろう。

氏より育ち、と人の世でもいわれるが、鉄道もまた同様である。

戦後の１９４８年に東急再編で現在の小田急、京王、京急が誕生したが、井の頭線を自社の路線に編入できた幸運は京王にとって天恵であった。なぜ

▲吉祥寺駅前の代表的なアーケード街であるサンロード。

▲井の頭線吉祥寺駅のエントランス。キラリナとも直結している。

▲閑静な住宅街が広がる吉祥寺～井の頭公園間の街並み。

▶井の頭線のターミナルがある吉祥寺駅南口側の賑わい。

なら井の頭線は短い路線ながら、非常に効率がよい路線であるからだ。

　ところで「住んでみたい街」として常に上位にランキングされる吉祥寺だが、これが「住んでみたい沿線」ランキングでは東急東横線がトップとなる例が多い。吉祥寺が持つイメージは果たして井の頭線沿線なのか、中央線沿線なのか、よくわからない。

　中央線沿線に昔から漂うリベラルな風と、井の頭線沿線の空気感は異なるように思うが、その交点である吉祥寺は微妙である。このあたりを沿線文化研究として行なったら、おもしろそうだ。

　吉祥寺は西武新宿線にも近い街なので、さらに複雑な文化交流があるに違いない。

　こうした文化の多様性が生み出す、ある種無国籍的な雰囲気が若年層を中心に好まれるといった推論も成立しそうだ。そこに吉祥寺という街が持つ固有の魅力があるのではないだろうか。

　いわゆる山の手特有のセレブ感とは異なるイメージが吉祥寺にはある。そこが自由が丘や、二子玉川との相違点だが、かといって庶民的な雰囲気とも異なるのが吉祥寺である。

　こうした混沌とした街には魔力があ

▲吉祥寺駅から井の頭公園を結ぶ沿道にはオシャレなショップが並ぶ。

▲池の奥に堂宇を望む。噴水が多くあるのが井の頭池の特徴だ。

▲井の頭弁財天。池の畔にひっそりと建っている。

▶都会の中の静寂が魅力の井の頭恩賜公園。

井の頭恩賜公園

るといわれるが、そのとおりかもしれない。

そう眺めてみると京王沿線（全線）が画一的文化圏ではないことに気づく。

南から押し寄せる小田急、東急沿線に色濃く見られる城南地域固有の山の手文化と、北から押し寄せる中央線沿線に色濃いリベラルカラーが京王沿線を取り囲んでいる。そう思えてならない。このあたりが都区内においては比較的近接して走る小田急文化圏と異なる点であろう。

私鉄沿線には、それぞれ異なる文化圏があるというのが私の持論だが、であるから私鉄沿線にはJR沿線とは異なる住民同士の目に見えない連帯感が、無意識のうちに形成されるように感じるのである。それはある種の虚構的郷土愛と換言可能ではないだろうか。ネイティブな沿線住民ならずとも持ち得る無意識の意識にほかならないからである。

京王線と都営地下鉄新宿線に直通する京王新線が合流する笹塚駅付近。遠く富士山を望む。

京王グループの今日

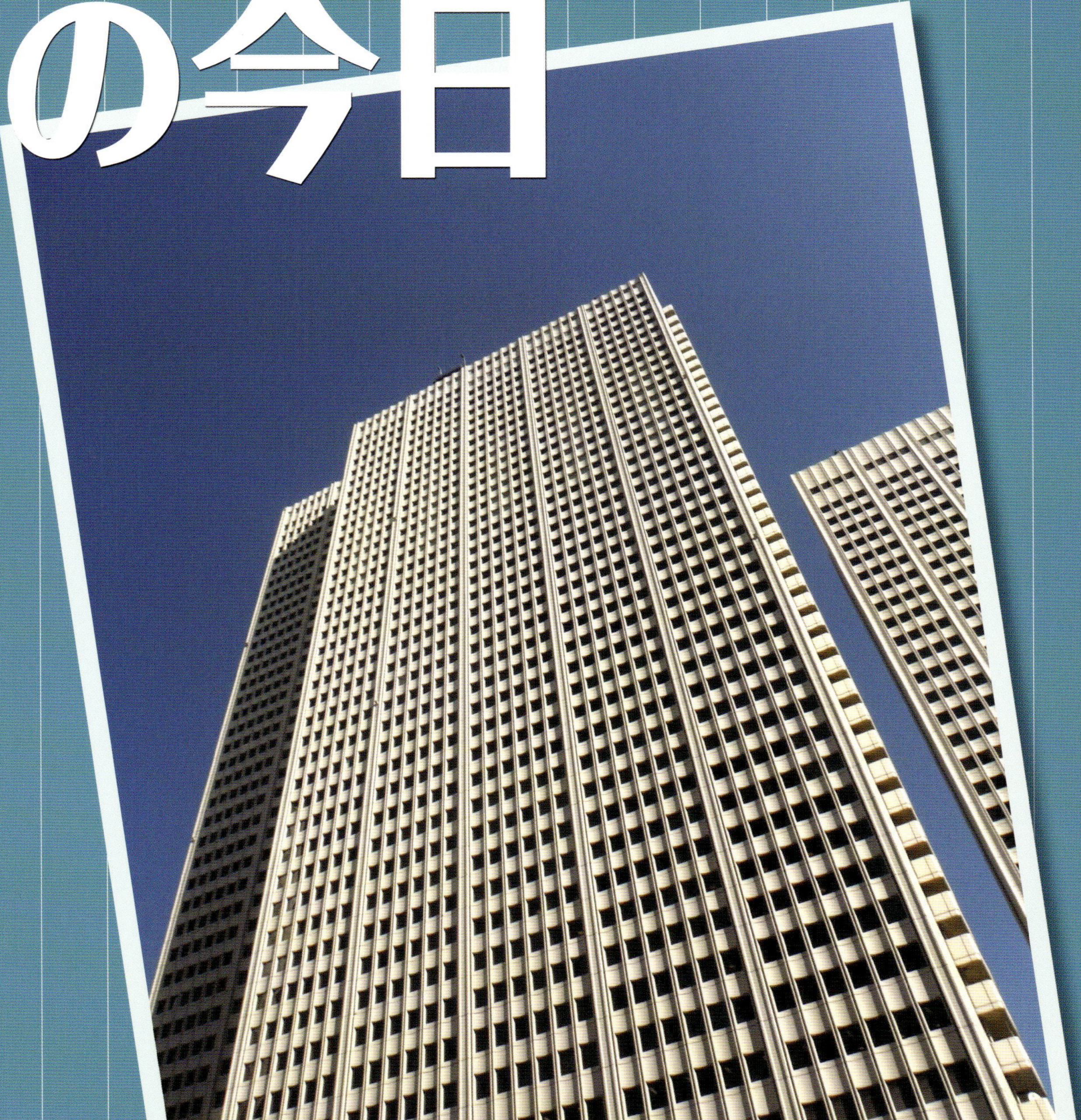

▲新宿駅西口の超高層ビルのさきがけとなった「京王プラザホテル」。

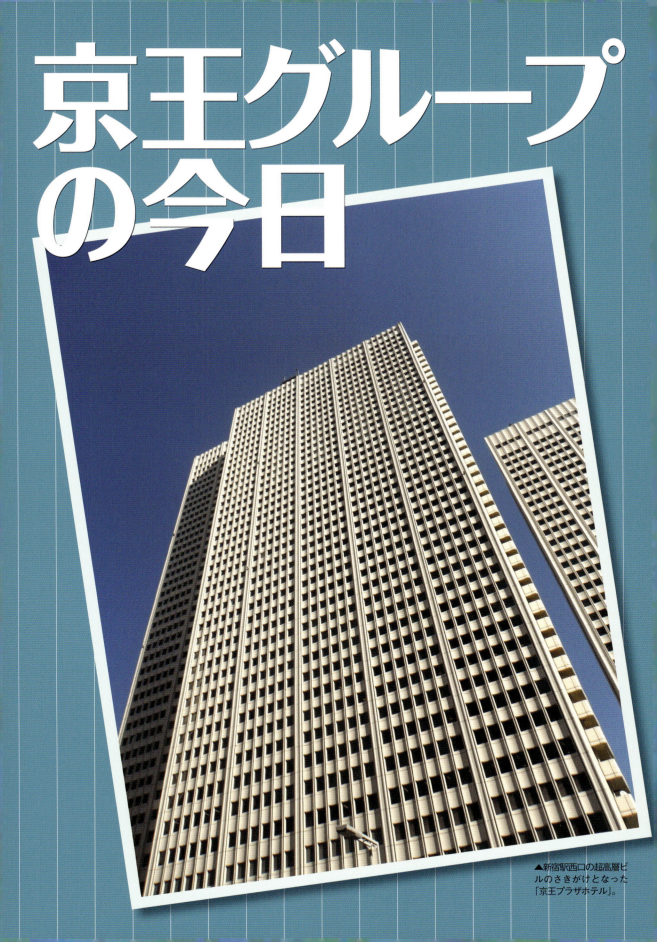

京王百貨店

▲京王百貨店新宿店は新宿駅西口に1964年に開業。地下は京王線新宿駅。便利なターミナルデパートとして愛されている。

関連事業の「三種の神器」

私鉄企業グループ各社は、その沿線で暮らす人たちの生活に密着した事業を行なっており、それは総合生活産業と呼ぶにふさわしい企業集団である。

その事業は鉄道やバスといった公共交通にとどまらず、流通事業、不動産事業、各種サービス関連事業など幅広いのが特徴となっている。

大手私鉄の中で前記した条件を満たしていないのは西武グループのみであり、同グループは流通事業である百貨店、スーパーマーケットを持っていない。西武百貨店なる名称こそ残っているが、その経営主体はセブン&アイホールディングスであり、西友もまたウォルマートの経営になっている。

西武を除く各私鉄グループは、規模の大小はあるものの一応前記した業種に自社の関連企業を配置している。

相鉄グループの例では自社直系の百貨店を有していないが、高島屋との歴史的関係性があり、出資も行なっており、また自社系スーパーマーケットである「相鉄ローゼン」が流通事業を行なっている点で、西武グループとは異なることがわかる。

京王プラザホテル多摩

▲多摩センター駅前のランドマークとして親しまれている京王プラザホテル多摩。地域のコミュニティープラザとしても機能する理想的な郊外型ホテルである。

私鉄関連事業の「三種の神器」は、百貨店、不動産、ホテルであり、さらに住宅関連事業をはじめ、近年の傾向としてウェルネス事業（シニアホームなど）への進出が目立って増えている。

そうしたグループ経営で沿線住民の日々の暮らしを支えているのが私鉄企業にみる大きな特徴といえよう。

大変身近な企業が多く、毎日接している例も少なくない。

堅実運営の京王の関連事業

こうした企業モデルを創造した私鉄経営者として、阪急グループの創業者である小林一三がよく知られている。

その小林の手法を取り入れて成功したのが東急の五島慶太だといわれている。

多くの私鉄企業グループは、この阪急、東急が確立した経営手法をトレースした経営を行なうことで成長したといっても過言ではない。

しかし、この日本型私鉄経営モデルともいうべき多角経営を行なうことですべての私鉄企業が例外なく成功したかといえば、残念ながらそうとはいえないのである。

中には不動産開発への過大投資が裏目に出て、本体の鉄道事業が危機に瀕した例や、上場廃止へ追い込まれたケースもある。

結局は本業である鉄道事業が有する基礎体力を超えた関連事業投資が鉄道本体の首を絞める結果を招いたといえよう。

この点における京王グループの経営戦略は慎重であり、過大投資による負の面は見当たらない。かつて京王プラザホテルの償却に苦労したが、その資産を合併・精算を繰り返すことで電鉄本体へ集約する手法で乗り切った。

京王グループを事業別にセグメントすると、おおよそ次のように分類することができる。

交通事業、不動産事業、流通事業、サービス事業であり、私鉄企業グループとしてオーソドックスな形態を成している。

本章では各分野ごとに主要な企業をラインナップしてみよう。

なお、交通事業には当然含まれる鉄道事業だが、これは関連事業ではなく本体事業なので、ここでは触れない。

交通事業

▲新宿駅西口バスターミナルの京王バス乗り場。

▲ブルー系のカラーリングを施した車両も多い。

▲コーポレートカラーに彩られた路線バス。

5社を数えるバス事業

鉄道を除くと交通事業として、まず思いあたるのがバス事業ということになる。

これには鉄道輸送を補完する役割、すなわち鉄道のフィーダー路線としてのもの、鉄道沿線後背地における地域戦略（支配）的なもの、高速中長距離輸送、空港連絡輸送、貸切自動車事業などに大別できる。

京王におけるバス事業は傍系の西東京バスを除くと、長年にわたり鉄道本体の直営であった。こうした例は、むしろ一般的形態といえ、当初からバス事業を鉄道本体の一事業部門ではなく別会社化していた私鉄は少なく、関東では小田急電鉄による小田急バス、西武鉄道による西武バスの2例のみである。

各私鉄がバス事業を分離し、別会社化しはじめたのは1990年代に入ってからという例が多い。

京王帝都電鉄（当時）では、1997年に京王バス（現・京王バス東）を設立。バス事業の移管に乗り出した。現在では京王電鉄バスグループを構成し、京王電鉄バス、京王バス中央、京

▲新宿駅西口の高速バスターミナルに並ぶ京王バスの高速バス。

▲新宿駅周辺を循環運行する新宿WEバス。運賃は100円均一で京王バス東が運行。

▲松本や長野行きなど中央自動車道経由の長距離路線が発着する新宿西口高速バスターミナル。

王バス南、京王バス東、京王バス小金井の5社を数える。営業地域ごとに分社化する手法は近年の流れともいえ、さまざまなバス会社が実施しており、私鉄系バス会社も例外ではない。

ただ利用客目線では、あくまでも「京王バス」であり、それ以上こまかくは見ていないだろう。中には営業所単位で独立会社化したバス事業者もあり、利用客にしてみると何がなんだかわからない。あくまでも会計処理上のことで分社したものと思える。

タクシーや観光鉄道も

京王グループのバス事業は比較的その規模が大きく、高速バス路線も充実している。

新宿を起点に全国各地を結び、車両も1列独立座席「プライムシングル」を備えたデラックス仕様もあるので快適なハイウェイクルージングを体験することができる。

私鉄系バス事業者の中で京王電鉄バスグループは積極的な企業活動をしているように見え、他社をリードしているといえよう。

西東京バスを含めて、京王勢圏内をガッチリと固めている感じである。

思い出のバス

▲ガソリンからディーゼルエンジンに換装した日産180型車。
（1948年頃／提供:京王電鉄）

▲最大乗車定員96名の日野トレーラーバスTB-13/T-27型車。
（1953年頃／提供:京王電鉄）

▲路線バスと同様のコーポレートカラーで運行する京王タクシー。

▲八王子市や青梅市を中心とした多摩西部地域でネットワークを広げる西東京バスも京王グループ。

◀御岳山の観光ルートとして運行されている御岳登山鉄道のケーブルカー。

規模は異なるが西鉄グループのバス事業と同じ勢いが京王電鉄バスグループにも共通しているように思う。

ハイヤー・タクシー事業は京王自動車が行なっており、沿線外の京浜エリアにもその拠点を置くなど規模も大きい。

京王の路線バスカラーと同じデザインをしたタクシーは、ひと目で京王グループだとわかる。こうした点にも京王グループのCI（コーポレートアイデンティティー）統一の効果が現れているといえよう。

このほか秩父多摩甲斐国立公園に位置する御岳山で鋼索鉄道（ケーブルカー）、リフトを経営する御岳登山鉄道、物流・貨物輸送事業を行なう京王運輸がある。

中央高速線を軸に路線を拡大

京王の長距離バス

昼行、夜行の別なく長距離高速バスの人気は高いが、京王電鉄では1967年の夏から新宿～本栖湖間に急行バスを設定し、翌年3月より新宿～山中湖間にも路線を広げ、中央自動車道の一部区間（調布～八王子）開業に合わせて高速道路経由の運行を開始した。

1969年3月、中央高速バス（新宿～山中湖・河口湖）の調布～河口湖間を中央道経由で運行するようになり、さらに首都高速道路4号線が開業すると全線を高速道路で運行するようになる。1971年4月に新宿高速バスターミナルが完成。1978年4月より中央高速バス甲府線（新宿～甲府）の運行を開始した。また、同年5月には新宿駅周辺において路線バスのバスロケーションシステムの運用をはじめた。

中央高速バスは、その後つぎつぎと路線を拡大し、1984年12月に伊那・飯田線（新宿～駒ヶ根市・飯田）、1989年4月に松本線（新宿～松本）、1992年4月に長野線（新宿～長野）、1998年3月に飛騨高山線（新宿～高山）、2002年12月に名古屋線（新宿～名古屋）、2003年4月に木曽福島線（新宿～木曽福島）、同年7月に大阪梅田線（新宿～大阪梅田）、同年12月に神戸姫路線（新宿～神戸・姫路）、2004年10月に中津川・下呂温泉線（新宿～中津川・下呂温泉）、2005年3月に南アルプス・身延線（新宿～南アルプス市・身延）、同年6月に高遠線（新宿～高遠）、2006年7月に沼津線（新宿～沼津）、同年12月に浜松線（新宿～浜松）、2007年12月に静岡線（新宿～静岡）、2012年4月に安曇野・白馬線（新宿～白馬）、同年9月に仙台・石巻線（新宿・渋谷～仙台・石巻）など東北方面へも路線を広げている。

このほか空港連絡バス、深夜急行バスを運行し、京王電鉄バスグループは私鉄系バス会社の中でも、その規模が大きい。

なお、東京において最初の路線バスを開業したのは京王電気軌道であり、1913年の笹塚～新宿間であった。同年には調布～国分寺間においても乗合自動車事業を開始している。

▲中央高速バスは1969年3月に新宿～河口湖間で運転を開始。(提供:京王電鉄)

▲新宿西口駅前を行く京王の高速バス。

四季の京王線
Autumn
秋

高尾線 高尾～高尾山口

流通事業

京王百貨店新宿店

▲京王百貨店の旗艦店である新宿店。

京王ストア

▶京王ストアは京王沿線および首都圏西地域を中心に展開する総合スーパーマーケット。

半世紀の歴史を誇る京王百貨店

京王グループの流通事業を代表するものといえば、やはり「京王百貨店」と「京王ストア」だ。全国の有名駅弁販売イベントで、すっかり有名になった新宿駅西口に建つ京王百貨店が開店したのは、東京オリンピックが開催された1964年のことである。

新宿駅西口に百貨店が出現したのは、その2年前のことで小田急百貨店が最初だった。だが当初の小田急百貨店は現在の小田急ハルクが入るビルでの開業であり、東京建物が所有するビルへキーテナントとしての出店であった。つまり本来のターミナルビルではなかった。

これに対して京王百貨店は、当初から京王新宿駅ターミナルビル（京王ビル→京王百貨店新宿ビル）で開業している。法人としての株式会社京王百貨店の設立は1961年である。

当初、髙島屋と提携して開業しており、店内の雰囲気も髙島屋と似ていたことを思い出す。関東大手私鉄各社が百貨店を自社ブランドで出店したのは東横百貨店（現・東急百貨店）の例を除くと1960年代に集中している。

▲A館（手前右）には京王ストア聖蹟桜ヶ丘店が入っている。奥はB館。

▲「キッチンコート」はハイクオリティーな商品を中心に品揃えしたスーパーマーケット。

Vマーク商品は京王ストアで販売するプライベートブランド。食品から日用品まで幅広いラインナップがある。Vマークは私鉄系スーパーの共同開発商品。

その意味では京王が百貨店に進出した時期は早くもなく、遅くもなかった。

しばらく多店舗化を行なわず新宿店のみで営業していたが、沿線の聖蹟桜ヶ丘へ1986年に出店している。また、大型出店ではないがセレオ八王子と、ららぽーと新三郷へ出店するなど、ここへきて動きが活発になった。

新宿店、聖蹟桜ヶ丘店ともに地域密着型の百貨店として沿線住民の利用が多く見られ、リージョナルストアのカラーを強く感じる。

私鉄系百貨店としては店舗数が少ないが、堅実な営業をめざしているからだろう。

新宿はデパート激戦区として知られ、そうした中で三越新宿店が閉店するなど厳しい状況下にある。伊勢丹のひとり勝ちという声も聞こえてくるが、ターミナル駅に直結した建物で営業する京王や小田急には固定客層が多そうに見える。

こうしたタイプの百貨店は服飾品などより、いわゆるデパ地下人気で集客すると有利だ。京王も小田急もデパ地下が特に賑わっている。生活密着型百貨店である。

新宿百貨店戦争も案外うまく各店同士、棲み分けができているように見える。

京王百貨店も開業して半世紀が過ぎ、新宿の老舗百貨店の風格が備わってきた。落ち着いて買い物ができる百貨店として、特にシニア層に支持されている。

PB商品を展開するスーパー事業

百貨店とともに、より強く日常生活に密着した流通事業としてスーパーマーケットの存在は大きい。

京王ストアは京王沿線を中心に首都圏西南部でチェーン展開をしており、ハイクオリティーな商品に力を入れた「キッチンコート」、そして生鮮食品を主体とするコンビニエンスストア「京王ストアエクスプレス」を加えることで多様化する消費者ニーズに応えている。

京王ストアは私鉄系スーパーマーケット各社で設立した「八社会」の創立メンバーの一員であり、PB（プライベートブランド）商品である「Vマーク」ブランドを取り扱っている。ロープライス、ハイクオリティーの「Vマーク」商品は食品、日用品、トイレタリーと幅広いラインナップが特徴で、ユーザーの人気が高い商品として知ら

▲ベーカリー&カフェ「ルパ」は焼き立て、作り立てにこだわったベーカリーショップ。パン、サンドイッチなど多彩な品が並ぶ。

▲「ブレグラス」は駅ナカで展開するベーカリーショップ。写真は多摩センター駅店。

▲「京王アートマン」は生活雑貨全般を揃えた複合専門店で、文具、化粧品、トイレタリーをはじめ高品質でオリジナリティーの高い品が並ぶ。

▲「リモーネ」はレディースファッションとコスメのお店としてOLから人気が高い。

れている。

このVマーク商品は、ダイエー（イオン）、イトーヨーカ堂といった巨大スーパーのPB商品に対抗する必要から、私鉄系スーパーマーケットが力を合わせて開発した商品である。京王ストアのルーツは古く、１９５９年に設立された京王食品（初代）に遡り、同社を京王ストアという社名に改め現在に至る。後に登場する京王食品（2代）と同名企業だが、こちらは京王企画を改称したものである。

この現・京王食品が駅前を中心に展開するのがベーカリー&カフェ「Ｌｅ ｒｅｐａｓ」、駅ナカ店舗「ブレグラス」であり20数店舗を有する。

カレーショップとして有名な「C&C」の経営はレストラン京王が行なっており、同社は１９７６年に設立されている。

店舗営業のみならず、レトルトカレーの販売も実施し、知名度をさらに高めた。京王ストア以外のスーパーでも売られている。

他線エリアにもおよぶ事業展開

これらのほか流通事業として、生活雑貨をはじめバラエティー豊かな生活

▲「K-Shop」はミニコンビニとして駅構内に出店。鉄道利用客や沿線住民の役に立つ便利なショップだ。

▲「啓文堂書店」は京王沿線内外に40店以上のチェーンを有する。さまざまなフェアやキャンペーンを実施するなど地域の文化発信基地でもある。

▲「フラワーショップ京王」。花のある生活の楽しさをコンセプトにしており、法人向けサービスではグリーンレンタルも行なっている。

▲「A LoT」は京王線、井の頭線の駅売店。

▲「Sweets Mode」は話題のスイーツが月替わりで登場する人気のお店。

関連グッズを取り揃えた「京王アートマン」、レディースファッション、コスメなどを扱う「リモーネ」、ミセスをターゲットにした「ミ・デュー」があり、リモーネは8店舗、ミ・デューは京王百貨店新宿店、聖蹟桜ヶ丘店に出店している。リモーネとミ・デューの経営は株式会社エリートが行なっている。

　駅売店の「ALoT」、駅構内などのミニコンビニ「K-Shop」、スイーツの「Sweets Mode」などを展開するのは京王リテールサービス。その昔は駅売店を京王観光が担当していた時代もあった。

　京王沿線を中心に40店舗を超すチェーンを有する書籍販売「啓文堂書店」は、1988年に設立された京王書籍販売の経営であり、中央線、小田急線エリアへの出店が進行しており、三鷹、豊田、武蔵小金井、荻窪、狛江、鶴川、小田急相模原、相模原、東海大学前など京王沿線以外でもチェーンを拡大している。

　また、「フラワーショップ京王」「フローレット」「フラワーマルシェ」など20店舗を展開する京王グリーンサービスがあり、以前の京王百花苑の光景を思い出すフローリストである。

全国的にも珍しい光景が展開

お隣同士の京王百貨店と小田急百貨店

新宿駅西口には、珍しい光景が展開されている。それは私鉄系百貨店同士が隣接して営業していることだ。

京王百貨店と小田急百貨店は建物が近接しており、こうした例はほかにない。池袋や渋谷では東急百貨店と西武百貨店があるが、西武百貨店は私鉄系百貨店ではなく、セブン&アイホールディングス傘下の百貨店になっている。それ以前、つまりセゾングループ健在の時、すでに同グループは西武鉄道系企業ではなく、私鉄系百貨店とよべる存在ではなかった。

都内において、いや全国的に見ても大手私鉄傘下の百貨店同士が隣接して建っている例は見当たらない。大阪梅田の阪急百貨店と阪神百貨店は同じ阪急阪神系だし、名古屋の例では近鉄が百貨店ではなく商業ビルなので名鉄百貨店とかぶらない。

すると、このような私鉄系百貨店同士が隣り合う光景は新宿駅西口でしか見ることができない大変珍しい光景といえるのではないだろうか。

▲新宿駅西口に並ぶ京王百貨店と小田急百貨店。

不動産事業

▲「京王モール」は新宿駅西口地下にあり、京王線新宿駅に直結したアーケード街として終日にわたり賑わう。

▲京王不動産は不動産全般を取り扱う。土地・建物の売買・賃貸の仲介から販売など地域に密着した総合不動産事業を行なっている。

▲八王子みなみ野シティの「京王四季の街」。(提供：京王電鉄)

多様なニーズに対応

京王不動産は京王沿線を中心に展開する不動産事業者であり、土地・建物の売買および賃貸の仲介、不動産販売など総合不動産事業を行なっている。また、レンタル収納スペース「京王クローゼット」を手がけており、生活環境サポート事業へも進出した。

八王子みなみ野シティでの「京王四季の街」、京王多摩川では「京王四季の街 調布多摩川」を分譲するなど、優良住宅の供給に熱心に取り組んでいる。

既存建物の再生販売などを行なう株式会社リビタは、優良ストック住宅の活用といった国の方針に合致した事業を実施するグループ会社であり、このほか新宿駅南口公共駐車場などの管理・運営やショッピングモール「京王モール」の店舗賃貸経営・管理、そして京王電鉄各駅に設置されたコインロッカーを運営する京王地下駐車場株式会社も不動産事業にセグメントできる。

京王の不動産関連事業としては、前記のほか賃貸マンション事業があり、賃貸マンションシリーズとして「ACOLT（アコルト）」、「フィシオ」、「H

9797
KEIO

四季の京王線

Winter 冬

高尾線 高尾～高尾山口

▲賃貸マンションのアコルト新宿落合。（提供:京王電鉄）

▲単身者向け賃貸マンションのフィシオ橋本第2。（提供:京王電鉄）

▲デザイナーズマンションのハイルームス新代田。（提供:京王電鉄）

i-ROOMS（ハイルームス）」をラインナップしている。

ACOLTは多様なバリエーションに対応することで、さまざまなファミリー層やジェネレーションニーズを吸収するシリーズとして、2009年にその1号物件である「ACOLT新宿落合」が完成。2010年に「ACOLT府中緑町」、2014年には「ACOLT氷川台」とシリーズ化が続いている。

フィシオは単身者向けの賃貸マンションであり、その特徴はグループ企業の京王建設が開発した規格型賃貸マンション「リプラ」を展開しており、現在7物件を有している。

リプラを採用した最初の物件は、2009年に完成した「フィシオ橋本第2」である。

デザイナーズマンションのHi-ROOMSは空間志向をそのコンセプトに据えており、画一的な集合住宅ではなく、住む人の感性を生かせる空間を提供した点にその特徴がある。

このように京王では賃貸マンション経営において、それぞれのニーズを重視したラインナップで対応している。

サービス事業

◀京王プラザホテルは日本初の本格的な超高層ホテルとして1971年に開業。新宿西口に建つ超高層ビルの第1号でもある。

日本初の超高層ホテル

サービス事業のジャンルは裾野が広く、さまざまな業態が含まれるが、この事業を代表する業種として、まず考えられるのがホテル事業だ。大手私鉄では東京メトロを除く全社が都市ホテルを経営しており、巨大ホテルチェーンを有するものから、1軒のみといったところまであり、その実態はさまざまである。

京王が本格的な都市ホテルに進出したのは1971年に新宿で開業した「京王プラザホテル」が最初であり、新宿駅西口における超高層ビルの第1号となった。

旧淀橋浄水場跡地を利用した再開発事業の一環でもあり、また新宿における大型都市ホテルとして最初のものである。

さらに同ホテルは日本最初の超高層ホテルとして知られている。地上47階というスケールは前代未聞であり、その白亜のニューヨークスタイルの建物は、新宿新都心の未来を予言しているように見えた。

この1971年という年は東京における超高層ホテル幕開けの年であり、

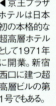

▲1971年に開業した京浜急行電鉄系のホテルパシフィック東京（現・京急EXイン品川駅前）。

▲1953年に東京で最初の私鉄系ホテルとして開業したグランドプリンスホテル高輪（元・高輪プリンスホテル）。上は貴賓館。

▲新宿駅から京王プラザホテルまでは地下道で結ばれており動く歩道も整備されている。

同じ年に品川駅高輪口正面に京浜急行電鉄が地上30階建ての「ホテルパシフィック東京（現・京急EXイン品川駅前）」を開業している。

東京における私鉄系ホテルの最初のものは1953年開業の「高輪プリンスホテル」（現・グランドプリンスホテル高輪）で、現存するものとしては最も古い。しかし、その建物は小規模であり、後に新館を増築したことで一応の規模となった。その新館が完成したのも1971年である。

京王プラザホテルは、とにかく目立った。当時はおおげさではなく、都内の各所からその偉容を目にすることができたのである。今は昔の話になってしまったが、そんな時代もあったということだ。

京王プラザホテルも内装を何度もリニューアルしているので開業当時の雰囲気は残っていない。また、1980年に南館が建ち、こちらは34階建てとなっている。客室は本館・南館合わせて1436室だ。

時代の変化もあって開業当初にあったサパークラブ「コンソート」などは今はなく、変わってホテルではめずらしい韓国料理店をラインナップするなどアジアン志向が見られる。

▲客室稼働率も好調な「京王プラザホテル多摩」。

▲宿泊特化型ホテル「京王プレッソイン新宿」。

▲「京王プラザホテル八王子」は八王子随一の本格的都市ホテルである。

新宿駅に一番近いロケーションに建つ超高層ホテルで、歩いて5分という好立地にあり、雨の日でも地下道からアクセスできるので大変便利である。

宿泊特化型ホテルへも参入

京王では京王プラザホテルのチェーン化を行ない、1982年に札幌、1990年に多摩センター、1994年に八王子へ出店した。

札幌以外はすべて京王沿線へのチェーン展開である。多摩センターへ出店した「京王プラザホテル多摩」の客室稼働率が好調のようで、1996年に

▲「カレーショップC&C」。スパイシーな香りが食欲をそそる人気のカレーショップだ。

▲京王レクリエーションサービスが運営するゴルフ場。(提供:京王電鉄)

▲京王観光は国内・国外の旅行商品の販売や航空券、乗車船券、宿泊の手配などを行なう総合旅行代理店。

西館を増築している。

京王プラザホテルはフルサービスの都市ホテルであるが、2001年には宿泊特化型ホテル建設を企図して京王プレッソインを設立し、2002年に「京王プレッソイン東銀座」を開業した。これが好調で現在都心部を中心に次々とチェーン化を拡大しており、京王プレッソインを3000室体制とする予定である。

こうした宿泊特化型ホテルへ参入する私鉄は多いが、京王が一番早かった。

ホテル以外でのサービス事業では「カレーショップC&C」のレストラン京王、旅行代理店の「京王観光」、そしてゴルフ場、テニスクラブを運営する「京王レクリエーションサービス」などがある。

また、シニアレジデンス事業では、京王ウェルシィステージが「アリスタージュ経堂」などを手がけており、株式会社京王子育てサポートなど京王グループでは総合生活産業をさらに進化させて、トータルライフ産業をめざしているように思える。

京王グループ全社の紹介は紙数上無理なので、ここでは日常生活に身近なグループ企業を取り上げてみた。

私鉄系ホテル

東京シティホテル事情

戦後の東京都心部における第1次ホテル建設ブームは、1964年に開催された東京オリンピックに向けての動きであり、この時に開業した私鉄系ホテルは1963年に開業した東急系の「東京ヒルトンホテル(後のキャピトル東急ホテル)」、1964年に開業した同じく東急系の「羽田東急ホテル」、それと同年に開業した西武系の「東京プリンスホテル」であり、東急と西武の独壇場の様相を呈していた。東急や西武以外の私鉄系ホテルとなると京浜急行が「東京観光ホテル」を経営していたが、その設備、規模において本格的な都市ホテルではなく後に閉館された。

各社が自社系ホテルを持つようになるのは1970年代以降であり、第2次ホテル建設ブームを待つことになる。

その最初が1971年に開業した「京王プラザホテル」であり、1000室級の大型ホテルは東京における私鉄系ホテルとして最初のものとなった。さらに当時、副都心といわれていた場所に出現したことでも話題となり、都心3区とよばれる千代田、中央、港の各区以外に建設された初の大型都市ホテルとなった。超高層建築もさることながら、その立地においても私鉄系都市ホテルのパイオニアなのである。パンアメリカン航空系(当時)ホテルであったインターコンチネンタルホテルと送客提携を結び外国人客の誘致をおこなうなど積極的な営業活動で成功している。

開業当時のパンフレットには“超高層の幻想”なるコピーがあるとおり、まさに地上47階建てからの眺めは幻想とよぶにふさわしいものであった。

▲新宿駅西口の高層ビルの始祖となる京王プラザホテル。

◀1964年に開業した東京プリンスホテル。

「高尾」のヘッドマークを付けて快走する9000系の準特急・高尾山口行き

京王電鉄の車両

京王電鉄の車両は、大手私鉄の中でもトップクラスである。

すべての車両がオールステンレス車体の大型車両であり、さらに省エネルギー、メンテナンスフリーのVVVFインバータ制御であるからだ。これは電子工学から生まれた最新の電車制御システムであり、すべての車両にこのシステムを採用している例は、大手私鉄では今のところ京王だけである。

最先端の装置で京王の電車は走っている。

スタイルもアカ抜けており、いかにも都会的洗練といえよう。

ここでは、そうした車両たちにスポットをあててみたい。

私たちが日々利用する電車の素顔を感じ取ってもらえたら幸いである。

京王線 7000系

▲VVVF制御化によって他の形式と性能が揃った7000系。

京王線初のオールステンレスカーとして登場した車両で、前作ですでに引退した6000系を近代化した車両が7000系だ。

6000系は鋼製車体を京王伝統のアイボリーカラーに塗装していたが、7000系はステンレス製車体を採用したので錆に強く塗装が不要となった。

京王が最初にステンレス車を採用したのは京王線ではなく井の頭線（3000系）である。ステンレス車は丈夫だが踏切などで自動車と接触すると修理に手間を多く要するため、当時（1962年）は踏切事故が京王線に比べて少なかった井の頭線に採用した。

京王線での踏切事故は年々減少しており、それを待って京王線にもステンレス車が走るようになった。

7000系が京王線に登場したのは、1984年のことである。当初7000系は6000系と同じ制御方式の界磁チョッパ制御であったが、今では機器やモーターを新しいものと交換してVVVFインバータ制御に生まれ変わり、8000系、9000系と同等の設備を備えた「新車」となっている。

ブレーキは当初から全電気指令式電磁直通ブレーキを備えており、これも6000系からの技術継承である。

▲動物のイラストなどがラッピングされた動物園線の7000系の車内。

7000系は当初、ステンレスにエンジの帯だったが、現在では京王コーポレートカラーであるインディゴとチェリーピンクの帯を巻きドレスアップした。

クセのない大人しいデザインをした車両である。登場した頃は各駅停車をおもに担当していたが、その後、特急や急行にも使用されるようになった。車体側面も均整のとれた安定感のあるデザインとなっている。

京王線 8000系

▲曲線的なフロントマスクが特徴の8000系。

京王線初の本格的な省エネルギー車（VVVFインバータ制御）として登場したのが、8000系である。

1992年から走りはじめ、その優れたデザインが高く評価されて、同年に通商産業省（当時）のグッド・デザイン認定商品に選定された。

6000系、7000系の前面形状が角張った感じで機能性重視であることに対して、8000系では機能性に加えて柔らかな曲線を生かした前面形状になっている。

インディゴとチェリーピンクの京王コーポレートカラーを電車に初めて採用したのも、この8000系からで、他形式車についても順次このカラーリングに変更された。

8000系の車体も当然ながら長寿命、軽量、省保守のオールステンレス車体だが、前面のみ、これを鋼製としており京王伝統のアイボリーに塗装している。

これはステンレス鋼は曲面加工がしにくいからだが、さらに前面を塗装することによって視認性が高まり、列車の接近がよりわかりやすくなる、といった安全面でのメリットも見逃せない。

側面は窓を2連1ユニット構造にしたので、7000系とその印象が異なな

▲8000系の車内。

るが戸袋窓が健在で、６０００系が確立したサイドビューを受け継いでいる。

制御方式が省エネルギー効果が高いＶＶＶＦインバータ制御となったが、台車については７０００系とほぼ同じ空気バネ台車を使用し手堅くまとめた。

登場の頃は看板車両（フラッグシップトレイン）として、おもに特急を中心に使用されていた車両だが、現在は各駅停車から特急まで幅広く使用されている。

なお、８０００系は都営地下鉄新宿線へは乗り入れない。

京王線 9000系

▲スマートな印象の9000系。都営地下鉄新宿線にも乗り入れている。

都営地下鉄新宿線への乗り入れ対応車である6000系の後継車として、2001年に登場した車両で、京王線を代表する名車が9000系である。

数多くの新技術を採り入れて誕生し、ステンレス車体ながら従来のような車体側面のビード（波板）がなくなり、平板構造となったことでスッキリとスマートな外観となっている。前面のみ鋼製とした点は前作の8000系と同じだが、9000系はかつての名車として名高い5000系のフォルムを再現したように見える。無個性な新車が他社に多く登場する中で、京王電鉄は自社の伝統を大切にしている。

新世代の制御装置であるIGBT-VVVF制御装置を採用しており、8000系に比べると、その走行音が静かなのが9000系の特徴である。

台車も軽量、高性能なボルスタレス構造となったことで乗り心地もよく、同時に省保守化を達成した。

窓ガラスには赤外線、紫外線をカットすることができるガラスが使われている。

9000系はオールマイティーな車両であり、地下鉄乗り入れはもとより各駅停車から特急まで活躍の場が広い。サイドビューの特徴としては従来あ

▲9000系の車内。

った戸袋窓がなくなったことだが、現在では昼間でも常時車内灯を点灯しているので、以前のように昼間は車内灯を消灯していた時代と異なり、採光性についての問題はなく、戸袋窓をなくしたことで車体強度を高めた選択は正しいといえよう。

登場して十数年が経つが、その基本設計の優秀さから現代の新車両として、その地位を堅持しているのが、名車9000系の特徴といえるのではないだろうか。

非常にアカ抜けした都会の電車だ。

井の頭線
1000系

▲井の頭線で活躍するレンボーカラー編成の1000系。

井の頭線を走るのが、この1000系。前作の3000系以来、34年ぶりの新車として1996年に登場し、同年1月9日から営業運行を開始した。伝統のレインボーカラーを受け継ぎ、そのイメージも3000系と共通している。

前面のデザイン処理がきわめて高度であり、他社に例がない。非常扉を持ちながら、それが目立つことなく溶け込んでいる。

1000系は井の頭線としては、初めての4扉を備えた大型車である。ボルスタレス台車、IGBT-VVVFインバータ制御の採用は京王線より早い。

ステンレス車体のスソを絞った曲面構造（Rボディ）なので柔らかな印象を受ける。

車体は初期車がビードプレス車体だが、途中からビードレス車体に変化した。また、前面形状も相違が見られるなど、細部に変化がある。

1000系には井の頭線沿線の上品な街並みが、よく似合う。

京王電鉄の車両は、どの車両も奇抜なところがなく、オーソドックスな形状の中に個性を持たせている感じであり、押し付けがましいデザインや色彩

▲1000系の車内。

の暴力がない点を高く評価したい。

満開の桜、そして紅葉をバックに走る1000系は実に絵になる。自然とのハーモニーが美しい。

最先端技術満載の車両ながら、デジタルな冷たさがなく、どこかぬくもりを感じさせる名車である。

飽きのこないデザインこそ、この1000系をはじめ京王電鉄の車両に共通するよさといえよう。

デザイン上の破綻がなく安心して眺めることができる。

思い出の車両

6000系

▲京王線初の20メートル、4扉両開きドアの大型車両として1972年に登場。全電気指令式電磁直通空気ブレーキ（HRD）を採用し、ワンハンドル式マスコンを採用。1973年12月に登場した2次車からは電力回生ブレーキ、界磁チョッパ制御となった。車体は普通鋼である。スタイルは全体的に直線的で、側窓など四隅のRがなく簡潔な設計となっているが、京王初のバランサ付き1枚下降窓を用いて窓の開閉操作を容易に行なえるようにした。この6000系が都営地下鉄新宿線へ乗り入れ運行した最初の車両である。京王アイボリーにエンジの帯で登場したが、晩年は京王CIカラーにドレスチェンジし、2011年3月に引退。6000系の魅力は、その機能美にあり相模原線によく似合っていたように思う。

▼今は引退している車両だが、ある世代以上の人にとって京王といえば、5000系の印象が強いのではないだろうか。1963年に営業をはじめた5000系は、パノラミックウィンドーを持つ独特の顔立ちをした車両で、アイボリーにエンジの帯で登場。今の京王電鉄のイメージを確立した希代の名車として知られている。それはまた京王線新時代の幕開けにふさわしい車両であった。この5000系が登場した年に、新宿駅地下ターミナルが完成するとともに新宿駅付近に残っていた併用軌道区間が姿を消した。新宿～東八王子（当時）間に特急が走りはじめ、同年12月に東八王子駅を新築移転して、駅名を京王八王子と変更している。架線電圧の昇圧（600V→1500V）も、この年の8月に完了した。

5000系

提供:京王電鉄

▲京王帝都電鉄初のオールステンレスカーとして、1962年12月に井の頭線で運行を開始。アメリカのバッド社（現・ボンバルディア社）とライセンス生産契約を結んだ東急車輌製造（現・総合車両製作所）で製作され、台車もバッド社由来のパイオニア台車が用いられるなど、日本ばなれした外観をしていた。前面上半分をFRP製として、そのカラーを7色そろえた点などファッショナブルな印象が強い。当初は4両編成だったが、1971年4月から5両編成が登場。発電ブレーキで登場したが、第10編成から電力回生ブレーキへ変更した。1995年からは前面窓をパノラミックウインドーへリニューアル。2011年12月に引退し、北陸鉄道、アルピコ交通、上毛電気鉄道などで再使用されている。

▼京王線初の高性能カルダン駆動車として、1957年に登場した車両。そのスタイルは前作2700系を引き継いでいるが、車体は全鋼製となり、車内化粧板をアルミデコラとしている。制御装置は1台の主制御器で8台の主電動機を制御し、直並列および界磁弱め制御機能がある。ブレーキは発電制動を付加した電空併用式となり、駆動装置には平行カルダンを用いた。これには歯車継手式のWNドライブと、タワミ板継手式の中空軸平行カルダンを比較採用している。台車はKH-14形、電装品はオール日立製である。一時期、アイボリー塗装をしていたが晩年はライトグリーン塗装へもどり、2010系と組んで各駅停車に使用されていた。前面2枚窓のスマートなマスクで人気が高く、一時代の京王スタイルとして懐かしむ人も少なくない。

提供:京王電鉄

京王電鉄の略歴

京王電気軌道として設立

京王電鉄の歴史は古く、１９０５年12月12日に日本電気鉄道株式会社が電気鉄道敷設を出願したことにはじまる。

翌年に商号を武蔵電気軌道株式会社へ変更するとともに、出願中の路線を変更し、１９１０年４月12日に再度商号を京王電気軌道株式会社へ改めた上で、同年９月21日に資本金１２５万円をもって京王電気軌道株式会社を設立した。

１９１３年４月15日に笹塚～調布間12・2キロを開業。新宿へ路線が達したのは１９１５年５月30日であった。

翌年６月１日に調布～多摩川原間１・１キロを開業し、さらに同年10月31日に府中へと路線を延伸している。

府中～東八王子間を開業していた玉南電気鉄道株式会社を１９２６年12月1日に合併し、同月４日から新宿～東八王子間38・4キロの統一営業をはじめる。

京王と玉南は軌間が相違するため、これを京王の軌間へ統一し、１９２８年５月22日より新宿～東八王子間の直通運行をはじめた。

１９４４年５月31日に東京急行電鉄株式会社と合併し京王営業局となる。

１９４８年６月１日に東急から分離独立し、旧帝都電鉄線（現・井の頭線）を編入。商号を京王帝都電鉄株式会社として戦後のスタートを切る。

１９５５年４月29日に競馬場線、１９６４年４月29日に多摩動物公園線（現・動物園線）、１９６７年10月１日に高尾線、そして１９９０年３月30日に相模原線が全通した。

現社名への商号変更は１９９８年７月１日で、「帝都」の２文字を取り、京王電鉄株式会社へ改称した。

京王電鉄のあゆみ

1905(明治38)	12.12	日本電気鉄道が電気鉄道敷設を出願
1910(明治43)	9.21	京王電気軌道を資本金125万円で設立
1913(大正 2)	4.15	笹塚～調布間(12.2km)の電車開通。新宿～笹塚間、調布～国分寺間の乗合自動車営業を開始
1915(大正 4)	5.3	新宿～調布間の電車全通(全延長16.1km)
1916(大正 5)	10.31	新宿～府中間全通(全延長22.1km)
1925(大正14)	12.4	玉南電気鉄道(府中～東八王子間)合併により新宿～東八王子間(38.4km)の統一営業を開始
1927(昭和 2)	6.1	旧玉南線(1067mm)を京王線軌間(1372mm)に変更
1928(昭和 3)	5.22	新宿～東八王子間で直通運転を開始
1931(昭和 6)	3.2	御陵線(北野～御陵前間6.4km)開通
1932(昭和 7)	4.1	高尾登山鉄道と連帯運輸を開始
1933(昭和 8)	8.1	帝都電鉄、渋谷～井の頭公園間を営業開始
1934(昭和 9)	4.1	帝都電鉄、渋谷～吉祥寺間(12.8km)が全通
1940(昭和15)	5.1	帝都電鉄が小田原急行鉄道に合併
1942(昭和17)	5.1	小田急電鉄、東京横浜電鉄と合併し、東京急行電鉄と改称。帝都線を井の頭線と改称
1944(昭和19)	5.31	京王電気軌道が東京急行電鉄と合併し、京王営業局として営業開始
1947(昭和22)	12.26	京王帝都電鉄が東京急行電鉄から分離独立
1948(昭和23)	6.1	京王帝都電鉄(現・京王電鉄)が発足
1955(昭和30)	4.29	競馬場線(東府中～府中競馬正門前間)開通
1959(昭和34)	12.1	京王線に2010系車両が入線
1962(昭和37)	12.30	井の頭線に3000系車両が入線
1963(昭和38)	4.1	新宿地下駅が営業開始。京王線5両編成運転開始
	8.4	京王線昇圧工事が竣工(600V→1500V)。京王線5000系車両が営業運転開始
1964(昭和39)	4.29	多摩動物公園線(現・動物園線、高幡不動～多摩動物公園間)開通
	6.7	新宿～初台間の地下線が開通
1967(昭和42)	10.1	高尾線(北野～高尾山口間)開通
1968(昭和43)	5.11	京王線に初の冷房車17両が入線
1971(昭和46)	4. 1	相模原線(京王多摩川～京王よみうりランド間)が開通
	6.5	新宿駅西口に京王プラザホテルが開業
1972(昭和47)	5.23	6000系車両(初の4扉20m車)が営業運転開始
	5.29	御岳登山鉄道に経営参加
1974(昭和49)	10.18	相模原線(京王よみうりランド～京王多摩センター間)開通
1978(昭和53)	10.31	京王新線開通。新宿～笹塚間複々線化
1980(昭和55)	3.16	京王線と都営新宿線の相互乗り入れ開始
1983(昭和58)	10.1	京王線の車両工場を桜上水から若葉台へ移転
1984(昭和59)	3.9	7000系車両が営業運転を開始
1988(昭和63)	5.21	相模原線(京王多摩センター～南大沢間)開通
	3.14	本社を新宿から聖蹟桜ヶ丘駅前へ移転
1989(平成元)	11.24	ロゴマーク(社章)を制定
1990(平成 2)	3.30	南大沢～橋本間開通で相模原線が全通
1991(平成 3)	3.15	6000系5扉車が営業運転を開始
1992(平成 4)	12.26	京王線の冷房化率が100%に
1996(平成 8)	1. 9	井の頭線1000系車両が営業運転を開始
1998(平成10)	7. 1	社名を「京王電鉄株式会社」に変更
2000(平成12)	3.24	京王れーるランドがオープン
2008(平成20)	4. 2	総合高速検測車「DAX」による検測を開始
2012(平成24)	10.19	京王線・井の頭線の全営業車両がVVVFインバータ制御化達成
2013(平成25)	3. 3	井の頭線全線でATCを使用開始
	10.10	京王れーるランドが新装オープン